SBB

SWASTICK BOOK BOX
MASON OF WINNERS

Cursive
WORD WRITING
Workbook - 3

Awesome Cursive Writing Practice Book for Kids

By: **Preeti Garg**

Follow the patterns with your pencil.

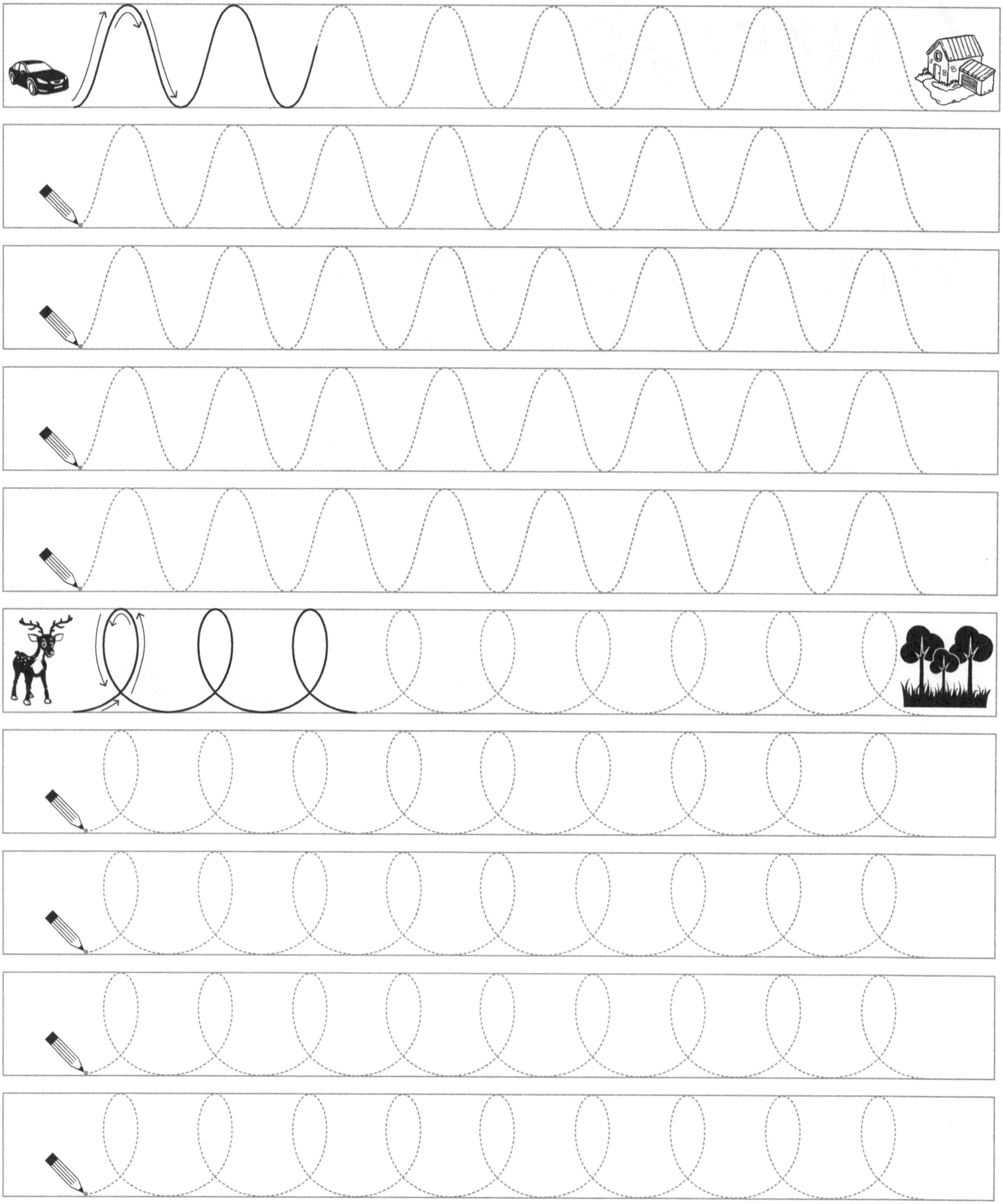

Say and trace the letters.

Say and trace the letters.

Say and trace the letters.

Ab	Bc	Cd	De	Ef
ab	bc	cd	de	ef
Fg	Gh	Hi	Ij	Jk
fg	gh	hi	ij	jk
Kl	Lm	Mn	No	Op
kl	lm	mn	no	op
Pq	Qr	Rs	St	Tu
pq	qr	rs	st	tu
Uv	Vw	Wx	Xy	Yz
uv	vw	wx	xy	yz

Date : ....

Teacher's Signature : ....

Abc	Bcd	Cde	Def
abc	bcd	cde	def
Efg	Fgh	Ghi	Hij
efg	fgh	ghi	hij

Date : ....

Teacher's Signature : ....

Ijk	Jkl	Klm	Lmn
ijk	jkl	klm	lmn
Mno	Nop	Opq	Pqr
mno	nop	opq	pqr

Date : ....

Teacher's Signature : ....

Qrs	Rst	Stu	Tuv
qrs	rst	stu	tuv
Uvw	Vwx	Wxy	Xyz
uvw	vwx	wxy	xyz

Cat  cat

C	Ca	Cat	Cat
C	Ca	Cat	Cat
c	ca	cat	cat
c	ca	cat	cat

Date : .... Teacher's Signature : ....

Hen  **hen**

H	He	Hen	Hen
H	He	Hen	Hen
h	he	hen	hen
h	he	hen	hen

Date : ....

Teacher's Signature : ....

Pig  pig

P	Pi	Pig	Pig
P	Pi	Pig	Pig
p	pi	pig	pig
p	pi	pig	pig

Mug mug

M	Mu	Mug	Mug
M	Mu	Mug	Mug

m	mu	mug	mug
m	mu	mug	mug

Date : ....

Teacher's Signature : ....

Sun 

Run 

Bun 

Sun	Run	Bun
Sun	Run	Bun
sun	run	bun
sun	run	bun

Bat  Hat  Mat 

Bat	Hat	Mat
Bat	Hat	Mat
bat	hat	mat
bat	hat	mat

Date : ....

Teacher's Signature : ....

Dog  **Log**  **Jog** 

Dog	Log	Jog
Dog	Log	Jog
dog	log	jog
dog	log	jog

Pen  Men  Ten 10

Pen	Men	Ten
Pen	Men	Ten
pen	men	ten
pen	men	ten

Date : ....

Teacher's Signature : ....

Abcd Bcde Cdef Defg

abcd bcde cdef defg

Efgh Fghi Ghij Hijk

efgh fghi ghij hijk

Ijkl Jklm Klmn Lmno

ijkl jklm klmn lmno

Mnop Nopq Opqr Pqrs

mnop nopq opqr pqrs

Qrst	Rstu	Stuv	Tuvw
qrst	rstu	stuv	tuvw
Uvwx	Vwxy	Wxyz	
uvwx	vwxy	wxyz	

Drum  drum

D	Dr	Dru	Drum
D	Dr	Dru	Drum

d	dr	dru	drum
d	dr	dru	drum

Star  star

S	St	Sta	Star
S	St	Sta	
s	st	sta	star
s	st	sta	star

Date : ....

Teacher's Signature : ....

Moon  moon

M	Mo	Moo	Moon
M	Mo	Moo	Moon
m	mo	moo	moon
m	mo	moo	moon

Date : ....

Teacher's Signature : ....

Cake  cake

C	Ca	Cak	Cake
C	Ca	Cak	Cake
c	ca	cak	cake
c	ca	cak	cake

Date : ....

Teacher's Signature : ....

Swan  swan

S	Sw	Swa	Swan
S	Sw	Swa	Swan
s	sw	swa	swan
s	sw	swa	swan

Date : ....

Teacher's Signature : ....

Band 

Hand 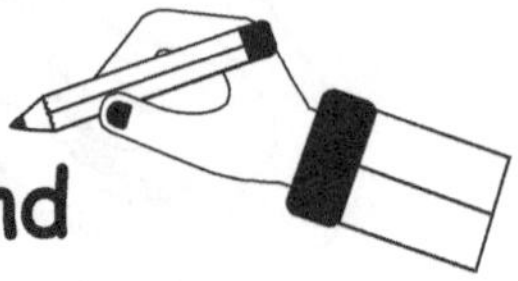

Sand 

Band	Hand	Sand
Band	Hand	Sand
band	hand	sand
band	hand	sand

Date : ....

Teacher's Signature : ....

Rice 

Mice 

Dice 

Rice	Mice	Dice
Rice	Mice	Dice
rice	mice	dice
rice	mice	dice

Boat  **Goat**  **Coat** 

Boat	Goat	Coat
Boat	Goat	Coat
boat	goat	coat
boat	goat	coat

Date : ....

Teacher's Signature : ....

Ball  Fall  Tall 

Ball	Fall	Tall
Ball	Fall	Tall

ball	fall	tall
ball	fall	tall

Cook  Book  Look 

Cook	Book	Look
Cook	Book	Look
cook	book	look
cook	book	look

Date : ....

Teacher's Signature : ....

Carpenter	Blacksmith
carpenter	blacksmith
Octopus	Reindeer
octopus	reindeer
Umbrella	Balloon
umbrella	balloon

Hundred	Thousand
hundred	thousand
Football	Badminton
football	badminton
Magenta	Aquamarine
magenta	aquamarine

Date : ....

Teacher's Signature : ....

1 

2 

3 

One	Two	Three
One	Two	Three

4 

5 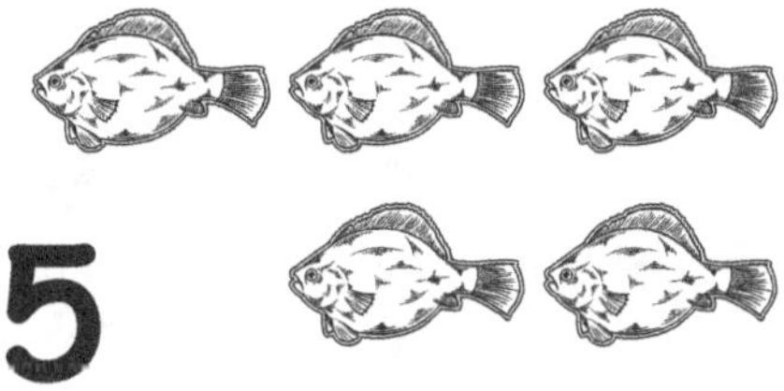

6 

Four	Five	Six
Four	Five	Six

7 	8 	9 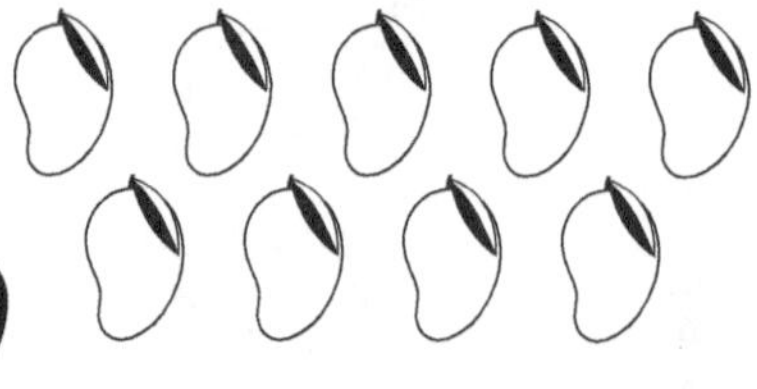
Seven	Eight	Nine
Seven	Eight	Nine

10 	11 	12 
Ten	Eleven	Twelve
Ten	Eleven	Twelve